PRÉFACE

La collection de guides de conversation "Tout ira bien!", publié par T&P Books, est conçue pour les gens qui voyagent par affaire ou par plaisir. Les guides de conversations contiennent le plus important - l'essentiel pour la communication de base. Il s'agit d'une série indispensable de phrases pour survivre à l'étranger.

Ce guide de conversation vous aidera dans la plupart des cas où vous devez demander quelque chose, trouver une direction, découvrir le prix d'un souvenir, etc. Il peut aussi résoudre des situations de communication difficile lorsque la gesticulation n'aide pas.

Ce livre contient beaucoup de phrases qui ont été groupées par thèmes. Vous trouverez aussi un mini dictionnaire avec des mots utiles - les nombres, le temps, le calendrier, les couleurs...

Emmenez avec vous un guide de conversation "Tout ira bien!" sur la route et vous aurez un compagnon de voyage irremplaçable qui vous aidera à vous sortir de toutes les situations et vous enseignera à ne pas avoir peur de parler aux étrangers.

TABLE DES MATIÈRES

T&P Books Publishing

T&P Books Publishing

GUIDE DE CONVERSATION
— ITALIEN —

LES PHRASES LES PLUS UTILES

Ce guide de conversation contient les phrases et les questions les plus communes et nécessaires pour communiquer avec des étrangers

Par Andrey Taranov

T&P BOOKS

Guide de conversation + dictionnaire de 250 mots

Guide de conversation Français-Italien et mini dictionnaire de 250 mots

Par Andrey Taranov

La collection de guides de conversation "Tout ira bien!", publiée par T&P Books, est conçue pour les gens qui voyagent par affaire ou par plaisir. Les guides contiennent l'essentiel pour la communication de base. Il s'agit d'une série indispensable de phrases pour "survivre" à l'étranger.

Vous trouverez aussi un mini dictionnaire de 250 mots utiles, nécessaire à la communication quotidienne - le nom des mois, des jours, les unités de mesure, les membres de la famille, et plus encore.

T&P Books Publishing
www.tpbooks.com

ISBN: 978-1-78492-522-2

Ce livre existe également en format électronique.
Pour plus d'informations, veuillez consulter notre site: www.tpbooks.com
ou rendez-vous sur ceux des grandes librairies en ligne.

PRONONCIATION

Alphabet phonétique T&P	Exemple en italien	Exemple en français
[a]	casco ['kasko]	classe
[e]	sfera ['sfera]	équipe
[i]	filo ['filo]	stylo
[o]	dolce ['doltʃe]	normal
[u]	siluro [si'luro]	boulevard
[y]	würstel ['vyrstel]	Portugal
[b]	busta ['busta]	bureau
[d]	andare [an'dare]	document
[ʣ]	zinco ['ʣinko]	pizza
[ʤ]	Norvegia [nor'veʤa]	adjoint
[ʒ]	garage [ga'raʒ]	jeunesse
[f]	ferrovia [ferro'via]	formule
[g]	ago ['ago]	gris
[k]	cocktail ['koktejl]	bocal
[j]	piazza ['pjattsa]	maillot
[l]	olive [o'live]	vélo
[ʎ]	figlio ['fiʎʎo]	souliers
[m]	mosaico [mo'zaiko]	minéral
[n]	treno ['treno]	ananas
[ŋ]	granchio ['graŋkio]	parking
[ɲ]	magnete [ma'ɲete]	canyon
[p]	pallone [pal'lone]	panama
[r]	futuro [fu'turo]	racine, rouge
[s]	triste ['triste]	syndicat
[ʃ]	piscina [pi'ʃina]	chariot
[t]	estintore [estin'tore]	tennis
[ts]	spezie ['spetsie]	gratte-ciel
[tʃ]	lancia ['lantʃa]	match
[v]	volo ['volo]	rivière
[w]	whisky ['wiski]	iguane
[z]	deserto [de'zerto]	gazeuse

LISTE DES ABRÉVIATIONS

Abréviations en français

adj	-	adjective
adv	-	adverbe
anim.	-	animé
conj	-	conjonction
dénombr.	-	dénombrable
etc.	-	et cetera
f	-	nom féminin
f pl	-	féminin pluriel
fam.	-	familiar
fem.	-	féminin
form.	-	formal
inanim.	-	inanimé
indénombr.	-	indénombrable
m	-	nom masculin
m pl	-	masculin pluriel
m, f	-	masculin, féminin
masc.	-	masculin
math	-	mathematics
mil.	-	militaire
pl	-	pluriel
prep	-	préposition
pron	-	pronom
qch	-	quelque chose
qn	-	quelqu'un
sing.	-	singulier
v aux	-	verbe auxiliaire
v imp	-	verbe impersonnel
vi	-	verbe intransitif
vi, vt	-	verbe intransitif, transitif
vp	-	verbe pronominal
vt	-	verbe transitif

Abréviations en italien

agg	-	adjective
f	-	nom féminin

f pl	-	féminin pluriel
m	-	nom masculin
m pl	-	masculin pluriel
m, f	-	masculin, féminin
pl	-	pluriel
v aus	-	verbe auxiliaire
vi	-	verbe intransitif
vi, vt	-	verbe intransitif, transitif
vr	-	verbe pronominal réfléchi
vt	-	verbe transitif

T&P BOOKS

GUIDE DE CONVERSATION ITALIEN

Cette section contient
des phrases importantes
qui peuvent être utiles dans
des situations courantes.
Le guide vous aidera
à demander des directions,
clarifier le prix, acheter
des billets et commander
des plats au restaurant

T&P Books Publishing

CONTENU DU GUIDE DE CONVERSATION

T&P Books Publishing

Les essentiels

Excusez-moi, ...	**Mi scusi, ...** [mi 'skuzi, ...]
Bonjour	**Buongiorno.** [buon'dʒorno]
Merci	**Grazie.** [gratsie]
Au revoir	**Arrivederci.** [arrive'dertʃi]
Oui	**Sì.** [si]
Non	**No.** [no]
Je ne sais pas.	**Non lo so.** [non lo so]
Où? (~ es-tu?) | Où? (~ vas-tu?) | Quand?	**Dove? | Dove? | Quando?** [dove? | 'dove? | 'kwando?]
J'ai besoin de ...	**Ho bisogno di ...** [o bi'zoɲo di ...]
Je veux ...	**Voglio ...** [voʎʎo ...]
Avez-vous ... ?	**Avete ...?** [a'vete ...?]
Est-ce qu'il y a ... ici?	**C'è un /una/ ... qui?** [tʃe un /'una/ ... kwi?]
Puis-je ... ?	**Posso ...?** [posso ...?]
s'il vous plaît (pour une demande)	**per favore** [per fa'vore]
Je cherche ...	**Sto cercando ...** [sto tʃer'kando ...]
les toilettes	**bagno** [baɲo]
un distributeur	**bancomat** [bankomat]
une pharmacie	**farmacia** [farma'tʃija]
l'hôpital	**ospedale** [ospe'dale]
le commissariat de police	**stazione di polizia** [sta'tsjone di poli'tsia]
une station de métro	**metropolitana** [metropoli'tana]

un taxi	**taxi** ['taksi]
la gare	**stazione** [sta'tsjone]

Je m'appelle ...	**Mi chiamo ...** [mi 'kjamo ...]
Comment vous appelez-vous?	**Come si chiama?** [kome si 'kjama?]
Aidez-moi, s'il vous plaît.	**Mi può aiutare, per favore?** [mi pu'o aju'tare, per fa'vore?]
J'ai un problème.	**Ho un problema.** [o un pro'blema]
Je ne me sens pas bien.	**Mi sento male.** [mi 'sento 'male]
Appelez une ambulance!	**Chiamate l'ambulanza!** [kja'mate lambu'lantsa!]
Puis-je faire un appel?	**Posso fare una telefonata?** [posso 'fare 'una telefo'nata?]

Excusez-moi.	**Mi dispiace.** [mi dis'pjatʃe]
Je vous en prie.	**Prego.** [prego]

je, moi	**io** [io]
tu, toi	**tu** [tu]
il	**lui** [lui]
elle	**lei** ['lei]
ils	**loro** [loro]
elles	**loro** [loro]
nous	**noi** [noi]
vous	**voi** [voi]
Vous	**Lei** ['lei]

ENTRÉE	**ENTRATA** [en'trata]
SORTIE	**USCITA** [u'ʃita]
HORS SERVICE | EN PANNE	**FUORI SERVIZIO** [fu'ori ser'vitsio]
FERMÉ	**CHIUSO** [kjuzo]

OUVERT	**APERTO** [a'perto]
POUR LES FEMMES	**DONNE** [donne]
POUR LES HOMMES	**UOMINI** [u'omini]

Questions

Où? (lieu)	**Dove?** [dove?]
Où? (direction)	**Dove?** [dove?]
D'où?	**Da dove?** [da 'dove?]
Pourquoi?	**Perché?** [per'ke?]
Pour quelle raison?	**Perché?** [per'ke?]
Quand?	**Quando?** [kwando?]

Combien de temps?	**Per quanto tempo?** [per 'kwanto 'tempo?]
À quelle heure?	**A che ora?** [a ke 'ora?]
C'est combien?	**Quanto?** [kwanto?]
Avez-vous … ?	**Avete …?** [a'vete …?]
Où est …, s'il vous plaît?	**Dov'è …?** [dov'e …?]

Quelle heure est-il?	**Che ore sono?** [ke 'ore 'sono?]
Puis-je faire un appel?	**Posso fare una telefonata?** [posso 'fare 'una telefo'nata?]
Qui est là?	**Chi è?** [ki 'e?]
Puis-je fumer ici?	**Si può fumare qui?** [si pu'o fu'mare kwi?]
Puis-je …?	**Posso …?** [posso …?]

Besoins

Je voudrais ...	**Vorrei ...** [vor'rej ...]
Je ne veux pas ...	**Non voglio ...** [non 'voλλo ...]
J'ai soif.	**Ho sete.** [o 'sete]
Je veux dormir.	**Ho sonno.** [o 'sonno]

Je veux ...	**Voglio ...** [voλλo ...]
me laver	**lavarmi** [la'varmi]
brosser mes dents	**lavare i denti** [la'vare i 'denti]
me reposer un instant	**riposae un po'** [ripo'zae un 'po]
changer de vêtements	**cambiare i vestiti** [kam'bjare i ve'stiti]

retourner à l'hôtel	**tornare in albergo** [tor'nare in al'bergo]
acheter ...	**comprare ...** [kom'prare ...]
aller à ...	**andare a ...** [an'dare a ...]
visiter ...	**visitare ...** [vizi'tare ...]
rencontrer ...	**incontrare ...** [inkon'trare ...]
faire un appel	**fare una telefonata** [fare 'una telefo'nata]

Je suis fatigué /fatiguée/	**Sono stanco /stanca/.** [sono 'stanko /'stanka/]
Nous sommes fatigués /fatiguées/	**Siamo stanchi.** [sjamo 'staŋki]
J'ai froid.	**Ho freddo.** [o 'freddo]
J'ai chaud.	**Ho caldo.** [o 'kaldo]
Je suis bien.	**Sto bene.** [sto 'bene]

Il me faut faire un appel.

Devo fare una telefonata.
[devo 'fare 'una telefo'nata]

J'ai besoin d'aller aux toilettes.

Devo andare in bagno.
[devo an'dare in 'baɲo]

Il faut que j'aille.

Devo andare.
[devo an'dare]

Je dois partir maintenant.

Devo andare adesso.
[devo an'dare a'desso]

Comment demander la direction

Excusez-moi, ...

Mi scusi, ...
[mi 'skuzi, ...]

Où est ..., s'il vous plaît?

Dove si trova ...?
[dove si 'trova ...?]

Dans quelle direction est ... ?

Da che parte è ...?
[da ke 'parte e ...?]

Pouvez-vous m'aider, s'il vous plaît ?

Mi può aiutare, per favore?
[mi pu'o aju'tare, per fa'vore?]

Je cherche ...

Sto cercando ...
[sto tʃer'kando ...]

La sortie, s'il vous plaît?

Sto cercando l'uscita.
[sto tʃer'kando lu'ʃita]

Je vais à ...

Sto andando a ...
[sto an'dando a ...]

C'est la bonne direction pour ...?

**Sto andando nella direzione
giusta per ...?**
[sto an'dando 'nella dire'tsjone
'dʒusta per ...?]

C'est loin?

E' lontano?
[e lon'tano?]

Est-ce que je peux y aller à pied?

Posso andarci a piedi?
[posso an'darsi a 'pjedi?]

Pouvez-vous me le montrer sur la carte?

Può mostrarmi sulla piantina?
[pu'o mo'strarmi 'sulla pjan'tina?]

Montrez-moi où sommes-nous,
s'il vous plaît.

**Può mostrarmi dove
ci troviamo?**
[puo mo'strarmi 'dove
tʃi tro'vjamo]

Ici

Qui
[kwi]

Là-bas

Là
[la]

Par ici

Da questa parte
[da 'kwesto 'parte]

Tournez à droite.

Giri a destra.
[dʒiri a 'destra]

Tournez à gauche.

Giri a sinistra.
['dʒiri a si'nistra]

Prenez la première
(deuxième, troisième) rue.

**La prima (la seconda, la terza)
strada**
[la 'prima (la se'konda, la 'tertsa)
'strada]

à droite

a destra
[a 'destra]

à gauche

a sinistra
[a si'nistra]

Continuez tout droit.

Vada sempre dritto.
[vada 'sempre 'dritto]

Affiches, Pancartes

BIENVENUE! **BENVENUTO!**
[benve'nuto!]

ENTRÉE **ENTRATA**
[en'trata]

SORTIE **USCITA**
[u'ʃita]

POUSSEZ **SPINGERE**
[spindʒere]

TIREZ **TIRARE**
[ti'rare]

OUVERT **APERTO**
[a'perto]

FERMÉ **CHIUSO**
[kjuzo]

POUR LES FEMMES **DONNE**
[donne]

POUR LES HOMMES **UOMINI**
[u'omini]

MESSIEURS **BAGNO UOMINI**
[baɲo u'omini]

FEMMES **BAGNO DONNE**
[baɲo 'donne]

RABAIS | SOLDES **SCONTI**
[skonti]

PROMOTION **IN SALDO**
[saldi]

GRATUIT **GRATIS**
['gratis]

NOUVEAU! **NOVITÀ!**
[novi'ta!]

ATTENTION! **ATTENZIONE!**
[atten'tsjone!]

COMPLET **COMPLETO**
[kom'pleto]

RÉSERVÉ **RISERVATO**
[rizer'vato]

ADMINISTRATION **AMMINISTRAZIONE**
[amministra'tsjone]

PERSONNEL SEULEMENT **RISERVATO AL PERSONALE**
[rizer'vato al perso'nale]

ATTENTION AU CHIEN!	**ATTENTI AL CANE!** [at'tenti al 'kane]
NE PAS FUMER!	**VIETATO FUMARE** [vje'tato fu'mare]
NE PAS TOUCHER!	**NON TOCCARE** [non tok'kare]
DANGEREUX	**PERICOLOSO** [periko'lozo]
DANGER	**PERICOLO** [pe'rikolo]
HAUTE TENSION	**ALTA TENSIONE** [alta ten'sjone]
BAIGNADE INTERDITE!	**DIVIETO DI BALNEAZIONE** [di'vjeto di balnea'tsjone]
HORS SERVICE | EN PANNE	**FUORI SERVIZIO** [fu'ori ser'vitsio]
INFLAMMABLE	**INFIAMMABILE** [infjam'mabile]
INTERDIT	**VIETATO** [vje'tato]
ENTRÉE INTERDITE!	**VIETATO L'ACCESSO** [vje'tato la'tʃesso]
PEINTURE FRAÎCHE	**PITTURA FRESCA** [pitt'ura 'freska]
FERMÉ POUR TRAVAUX	**CHIUSO PER RESTAURO** [kjuzo per res'tauro]
TRAVAUX EN COURS	**LAVORI IN CORSO** [la'vori in 'korso]
DÉVIATION	**DEVIAZIONE** [devia'tsjone]

Transport - Phrases générales

avion	**aereo** [a'ereo]
train	**treno** [treno]
bus, autobus	**autobus** [autobus]
ferry	**traghetto** [tra'getto]
taxi	**taxi** ['taksi]
voiture	**macchina** ['makkina]
horaire	**orario** [o'rario]
Où puis-je voir l'horaire?	**Dove posso vedere l'orario?** [dove 'posso ve'dere lo'rario?]
jours ouvrables	**giorni feriali** [dʒorni fe'rjali]
jours non ouvrables	**sabato e domenica** [sabato e do'menika]
jours fériés	**giorni festivi** [dʒorni fe'stivi]
DÉPART	**PARTENZA** [par'tentsa]
ARRIVÉE	**ARRIVO** [ar'rivo]
RETARDÉE	**IN RITARDO** [in ri'tardo]
ANNULÉE	**CANCELLATO** [kantʃelllato]
prochain	**il prossimo** [il 'prossimo]
premier	**il primo** [il 'primo]
dernier	**l'ultimo** [lultimo]
À quelle heure est le prochain ...?	**Quando è il prossimo ...?** [kwando e il 'prossimo ...?]
À quelle heure est le premier ...?	**Quando è il primo ...?** [kwando e il 'primo ...?]

À quelle heure est le dernier ...?

Quando è l'ultimo ...?
[kwando e 'lultimo ...?]

correspondance

scalo
[skalo]

prendre la correspondance

effettuare uno scalo
[efettu'are 'uno 'skalo]

Dois-je prendre la correspondance?

Devo cambiare?
[devo kam'bjare?]

Acheter un billet

Où puis-je acheter des billets?
Dove posso comprare i biglietti?
[dove 'posso kom'prare i biʎ'ʎeti?]

billet
biglietto
[biʎ'ʎetto]

acheter un billet
comprare un biglietto
[kom'prare un biʎ'ʎetto]

le prix d'un billet
il prezzo del biglietto
[il 'prettso del biʎ'ʎetto]

Pour aller où?
Dove?
[dove?]

Quelle destination?
In quale stazione?
[in 'kwale sta'tsjone?]

Je voudrais ...
Avrei bisogno di ...
[av'rej bi'zoɲo di ...]

un billet
un biglietto
[un biʎ'ʎetto]

deux billets
due biglietti
[due biʎ'ʎeti]

trois billets
tre biglietti
[tre biʎ'ʎeti]

aller simple
solo andata
[solo an'data]

aller-retour
andata e ritorno
[an'data e ri'torno]

première classe
prima classe
[prima 'klasse]

classe économique
seconda classe
[se'konda 'klasse]

aujourd'hui
oggi
[odʒi]

demain
domani
[do'mani]

après-demain
dopodomani
[dopodo'mani]

dans la matinée
la mattina
[la mat'tina]

l'après-midi
nel pomeriggio
[nel pome'ridʒo]

dans la soirée
la sera
[la 'sera]

siège côté couloir

posto lato corridoio
[posto 'lato korri'dojo]

siège côté fenêtre

posto lato finestrino
[posto 'lato fine'strino]

C'est combien?

Quanto?
[kwanto?]

Puis-je payer avec la carte?

Posso pagare con la carta di credito?
[posso pa'gare kon la 'karta di 'kredito?]

L'autobus

bus, autobus	**autobus** [autobus]
autocar	**autobus interurbano** [autobus interur'bano]
arrêt d'autobus	**fermata dell'autobus** [fer'mata dell 'autobus]
Où est l'arrêt d'autobus le plus proche?	**Dov'è la fermata dell'autobus più vicina?** [dov'e la fer'mata dell 'autobus pju vi'ʧina?]

numéro	**numero** [numero]
Quel bus dois-je prendre pour aller à ...?	**Quale autobus devo prendere per andare a ...?** [kwale 'autobus 'devo 'prendere per an'dare a ...?]
Est-ce que ce bus va à ...?	**Questo autobus va a ...?** [kwesto 'autobus va a ...?]
L'autobus passe tous les combien?	**Qual'è la frequenza delle corse degli autobus?** [kwal e la fre'kwentsa 'delle 'korse 'deʎʎi 'autobus?]
chaque quart d'heure	**ogni quindici minuti** [oɲi 'kwindiʧi mi'nuti]
chaque demi-heure	**ogni mezzora** [oɲi med'dzora]
chaque heure	**ogni ora** [oɲi 'ora]
plusieurs fois par jour	**più a volte al giorno** [pju a 'volte al 'dʒorno]
... fois par jour	**... volte al giorno** [... 'volte al 'dʒorno]

horaire	**orario** [o'rario]
Où puis-je voir l'horaire?	**Dove posso vedere l'orario?** [dove 'posso ve'dere lo'rario?]
À quelle heure passe le prochain bus?	**Quando passa il prossimo autobus?** [kwando 'passa il 'prossimo 'autobus?]
À quelle heure passe le premier bus?	**A che ora è il primo autobus?** [a ke 'ora e il 'primo 'autobus?]
À quelle heure passe le dernier bus?	**A che ora è l'ultimo autobus?** [a ke 'ora e 'lultimo 'autobus?]

arrêt

fermata
[fer'mata]

prochain arrêt

prossima fermata
[prossima fer'mata]

terminus

ultima fermata
[ultima fer'mata]

Pouvez-vous arrêter ici, s'il vous plaît.

Può fermarsi qui, per favore.
[pu'o fer'marsi kwi, per fa'vore]

Excusez-moi, c'est mon arrêt.

Mi scusi, questa è la mia fermata.
[mi 'skuzi, 'kwesta e la 'mia fer'mata]

Train

train	**treno** [treno]
train de banlieue	**treno locale** [treno lo'kale]
train de grande ligne	**treno a lunga percorrenza** [treno a 'lunga perkor'rentsa]
la gare	**stazione** [sta'tsjone]
Excusez-moi, où est la sortie vers les quais?	**Mi scusi, dov'è l'uscita per il binario?** [mi 'skuzi, dov'e lu'ʃita per il binario?]
Est-ce que ce train va à ...?	**Questo treno va a ...?** [kwesto 'treno va a ...?]
le prochain train	**il prossimo treno** [il 'prossimo 'treno]
À quelle heure est le prochain train?	**Quando è il prossimo treno?** [kwando e il 'prossimo 'treno?]
Où puis-je voir l'horaire?	**Dove posso vedere l'orario?** [dove 'posso ve'dere lo'rario?]
De quel quai?	**Da quale binario?** [da 'kwale bi'nario?]
À quelle heure arrive le train à ...?	**Quando il treno arriva a ...?** [kwando il 'treno ar'riva a ...?]
Pouvez-vous m'aider, s'il vous plaît?	**Mi può aiutare, per favore.** [mi pu'o aju'tare, per fa'vore]
Je cherche ma place.	**Sto cercando il mio posto.** [sto tʃer'kando il 'mio 'posto]
Nous cherchons nos places.	**Stiamo cercando i nostri posti.** [stjamo tʃer'kando i 'nostri 'posti]
Ma place est occupée.	**Il mio posto è occupato.** [il 'mio 'posto e okku'pato]
Nos places sont occupées.	**I nostri posti sono occupati.** [i 'nostri 'posti 'sono okku'pati]
Excusez-moi, mais c'est ma place.	**Mi scusi, ma questo è il mio posto.** [mi 'skwzi, ma 'kwesto e il 'mio 'posto]
Est-ce que cette place est libre?	**E' occupato?** [e okku'pato?]
Puis-je m'asseoir ici?	**Posso sedermi qui?** [posso se'dermi kwi?]

Sur le train - Dialogue (Pas de billet)

Votre billet, s'il vous plaît.
Biglietto per favore.
[biʎ'ʎetto per fa'vore]

Je n'ai pas de billet.
Non ho il biglietto.
[non 'o il biʎ'ʎetto]

J'ai perdu mon billet.
Ho perso il biglietto.
[o 'perso il biʎ'ʎetto]

J'ai oublié mon billet à la maison.
Ho dimenticato il biglietto a casa.
[o dimenti'kato il biʎ'ʎetto a 'kaza]

Vous pouvez m'acheter un billet.
Può acquistare il biglietto da me.
[pu'o akwi'stare il biʎ'ʎetto da 'me]

Vous devrez aussi payer une amende.
Deve anche pagare una multa.
[deve 'aŋke pa'gare 'una 'multa]

D'accord.
Va bene.
[va 'bene]

Où allez-vous?
Dove va?
[dove va?]

Je vais à ...
Vado a ...
[vado a ...]

Combien? Je ne comprend pas.
Quanto? Non capisco.
[kwanto? non ka'pisko]

Pouvez-vous l'écrire, s'il vous plaît.
Lo può scrivere, per favore?
[lo pu'o 'skrivere, per fa'vore]

D'accord. Puis-je payer avec la carte?
D'accordo. Posso pagare con la carta di credito?
[dak'kordo. 'posso pa'gare kon la 'karta di 'kredito?]

Oui, bien sûr.
Si.
[si]

Voici votre reçu.
Ecco la sua ricevuta.
[ekko la 'sua ritʃe'vuta]

Désolé pour l'amende.
Mi dispiace per la multa.
[mi dis'pjatʃe per la 'multa]

Ça va. C'est de ma faute.
Va bene così. È stata colpa mia.
[va 'bene ko'si. e 'stata 'kolpa 'mia]

Bon voyage.
Buon viaggio.
[bu'on 'vjadʒo]

Taxi

taxi	**taxi** ['taksi]
chauffeur de taxi	**tassista** [tas'sista]
prendre un taxi	**prendere un taxi** [prendere un 'taksi]
arrêt de taxi	**posteggio taxi** [pos'teʤo 'taksi]
Où puis-je trouver un taxi?	**Dove posso prendere un taxi?** [dove 'posso 'prendere un 'taksi?]
appeler un taxi	**chiamare un taxi** [kja'mare un 'taksi]
Il me faut un taxi.	**Ho bisogno di un taxi.** [o bi'zoɲo di un 'taksi]
maintenant	**Adesso.** [a'desso]
Quelle est votre adresse?	**Qual'è il suo indirizzo?** [kwal e il 'suo indi'rittso?]
Mon adresse est ...	**Il mio indirizzo è ...** [il 'mio indi'rittso e ...]
Votre destination?	**La sua destinazione?** [la 'sua destina'tsjone?]
Excusez-moi, ...	**Mi scusi, ...** [mi 'skuzi, ...]
Vous êtes libre ?	**E' libero?** [e 'libero?]
Combien ça coûte pour aller à ...?	**Quanto costa andare a ...?** [kwanto 'kosta an'dare a ...?]
Vous savez où ça se trouve?	**Sapete dove si trova?** [sa'pete 'dove si 'trova?]
À l'aéroport, s'il vous plaît.	**All'aeroporto, per favore.** [all aero'porto, per fa'vore]
Arrêtez ici, s'il vous plaît.	**Si fermi qui, per favore.** [si 'fermi kwi, per fa'vore]
Ce n'est pas ici.	**Non è qui.** [non e kwi]
C'est la mauvaise adresse.	**È l'indirizzo sbagliato.** [e lindi'rittso zbaʎ'ʎato]
tournez à gauche	**Giri a sinistra.** [ʤiri a si'nistra]
tournez à droite	**Giri a destra.** [ʤiri a 'destra]

Combien je vous dois?	**Quanto le devo?** [kwanto le 'devo?]
J'aimerais avoir un reçu, s'il vous plaît.	**Potrei avere una ricevuta, per favore.** [po'trej a'vere 'una ritʃe'vuta, per fa'vore]
Gardez la monnaie.	**Tenga il resto.** [tenga il 'resto]

Attendez-moi, s'il vous plaît …	**Può aspettarmi, per favore?** [pu'o aspe'tarmi, per fa'vore?]
cinq minutes	**cinque minuti** [tʃinkwe mi'nuti]
dix minutes	**dieci minuti** ['djetʃi mi'nuti]
quinze minutes	**quindici minuti** [kwinditʃi mi'nuti]
vingt minutes	**venti minuti** [venti mi'nuti]
une demi-heure	**mezzora** [med'dzora]

Hôtel

Bonjour.

Salve.
[salve]

Je m'appelle ...

Mi chiamo ...
[mi 'kjamo ...]

J'ai réservé une chambre.

Ho prenotato una camera.
[o preno'tato 'una 'kamera]

Je voudrais ...

Ho bisogno di ...
[o bi'zoɲo di ...]

une chambre simple

una camera singola
[una 'kamera 'singola]

une chambre double

una camera doppia
[una 'kamera 'doppia]

C'est combien?

Quanto costa questo?
[kwanto 'kosta 'kwesto?]

C'est un peu cher.

È un po' caro.
[e un 'po 'karo]

Avez-vous autre chose?

Avete qualcos'altro?
[a'vete kwal'koz 'altro?]

Je vais la prendre.

La prendo.
[la 'prendo]

Je vais payer comptant.

Pago in contanti.
[pago in kon'tanti]

J'ai un problème.

Ho un problema.
[o un pro'blema]

Mon ... est cassé.

Il mio ... è rotto /La mia ... è rotta/
[il 'mio ... e 'rotto /la 'mia ... e 'rotta/]

Mon ... ne fonctionne pas.

Il mio /La mia/ ... è fuori servizio.
[il 'mio /la 'mia/ ... e fu'ori ser'vitsio]

télé

televisore
[televi'zore]

air conditionné

condizionatore
[konditsiona'tore]

robinet

rubinetto
[rubi'netto]

douche

doccia
[dotʃa]

évier

lavandino
[lavan'dino]

coffre-fort

cassa forte
[kassa 'forte]

serrure de porte	**serratura** [serra'tura]
prise électrique	**presa elettrica** [preza e'lettrika]
sèche-cheveux	**asciugacapelli** [aʃuga·ka'pelli]

Je n'ai pas …	**Non ho …** [non o …]
d'eau	**l'acqua** [lakwa]
de lumière	**la luce** [la 'lutʃe]
d'électricité	**l'elettricità** [leletritʃi'ta]

Pouvez-vous me donner …?	**Può darmi …?** [pu'o 'darmi …?]
une serviette	**un asciugamano** [un aʃuga'mano]
une couverture	**una coperta** [una ko'perta]
des pantoufles	**delle pantofole** [delle pan'tofole]
une robe de chambre	**un accappatoio** [un akkappa'tojo]
du shampoing	**dello shampoo** [dello 'ʃampo]
du savon	**del sapone** [del sa'pone]

Je voudrais changer ma chambre.	**Vorrei cambiare la camera.** [vor'rej kam'bjare la 'kamera]
Je ne trouve pas ma clé.	**Non trovo la chiave.** [non 'trovo la 'kjave]
Pourriez-vous ouvrir ma chambre, s'il vous plaît?	**Potrebbe aprire la mia camera, per favore?** [po'trebbe a'prire la mia 'kamera, per fa'vore?]
Qui est là?	**Chi è?** [ki 'e?]
Entrez!	**Avanti!** [a'vanti!]
Une minute!	**Un attimo!** [un 'attimo!]

Pas maintenant, s'il vous plaît.	**Non adesso, per favore.** [non a'desso, per fa'vore]
Pouvez-vous venir à ma chambre, s'il vous plaît.	**Può venire nella mia camera, per favore.** [pu'o ve'nire 'nella 'mia 'kamera, per fa'vore]

J'aimerais avoir le service d'étage.	**Vorrei ordinare qualcosa da mangiare.** [vor'rej ordi'nare kwal'koza da man'dʒare]
Mon numéro de chambre est le ...	**Il mio numero di camera è ...** [il 'mio 'numero di 'kamera e ...]

Je pars ...	**Parto ...** [parto ...]
Nous partons ...	**Partiamo ...** [par'tjamo ...]
maintenant	**adesso** [a'desso]
cet après-midi	**questo pomeriggio** [kwesto pome'ridʒo]
ce soir	**stasera** [sta'sera]
demain	**domani** [do'mani]
demain matin	**domani mattina** [do'mani mat'tina]
demain après-midi	**domani sera** [do'mani 'sera]
après-demain	**dopodomani** [dopodo'mani]

Je voudrais régler mon compte.	**Vorrei pagare.** [vor'rej sal'dare il 'konto]
Tout était merveilleux.	**È stato tutto magnifico.** [e 'stato 'tutto ma'nɪfiko]
Où puis-je trouver un taxi?	**Dove posso prendere un taxi?** [dove 'posso 'prendere un 'taksi?]
Pourriez-vous m'appeler un taxi, s'il vous plaît?	**Potrebbe chiamarmi un taxi, per favore?** [po'trebbe kja'marmi un 'taksi, per fa'vore?]

Restaurant

Puis-je voir le menu, s'il vous plaît?	**Posso vedere il menù, per favore?** [posso ve'dere il me'nu, per fa'vore?]
Une table pour une personne.	**Un tavolo per una persona.** [un 'tavolo per 'uno per'sona]
Nous sommes deux (trois, quatre).	**Siamo in due (tre, quattro).** [sjamo in 'due (tre, 'kwattro)]

Fumeurs	**Fumatori** [fuma'tori]
Non-fumeurs	**Non fumatori** [non fuma'tori]
S'il vous plaît!	**Mi scusi!** [mi 'skuzi!]
menu	**il menù** [il me'nu]
carte des vins	**la lista dei vini** [la 'lista 'dei 'vini]
Le menu, s'il vous plaît.	**Posso avere il menù, per favore.** [posso a'vere il me'nu, per fa'vore]

Êtes-vous prêts à commander?	**È pronto per ordinare?** [e 'pronto per ordi'nare?]
Qu'allez-vous prendre?	**Cosa gradisce?** [koza gra'diʃe?]
Je vais prendre ...	**Prendo ...** [prendo ...]

Je suis végétarien.	**Sono vegetariano /vegetariana/.** [sono vedʒeta'rjano /vedʒeta'rjana/]
viande	**carne** [karne]
poisson	**pesce** [peʃe]
légumes	**verdure** [ver'dure]
Avez-vous des plats végétariens?	**Avete dei piatti vegetariani?** [a'vete 'dei 'pjatti vedʒeta'rjani?]
Je ne mange pas de porc.	**Non mangio carne di maiale.** [non 'mandʒo 'karne di ma'jale]
Il /elle/ ne mange pas de viande.	**Lui /lei/ non mangia la carne.** [lui /'lei/ non 'mandʒa la 'karne]
Je suis allergique à ...	**Sono allergico a ...** [sono al'lerdʒiko a ...]

Pourriez-vous m'apporter …, s'il vous plaît.
Potrebbe portarmi …
[po'trebbe por'tarmi …]

le sel | le poivre | du sucre
del sale | del pepe | dello zucchero
[del 'sale | del 'pepe | 'dello 'tsukkero]

un café | un thé | un dessert
un caffè | un tè | un dolce
[un ka'fe | un te | un 'doltʃe]

de l'eau | gazeuse | plate
dell'acqua | frizzante | naturale
[dell 'akwa | frid'dzante | natu'rale]

une cuillère | une fourchette | un couteau
un cucchiaio | una forchetta | un coltello
[un kuk'kjajo | una for'ketta | un kol'tello]

une assiette | une serviette
un piatto | un tovagliolo
[un 'pjatto | un tovaʎ'ʎolo]

Bon appétit!
Buon appetito!
[bu'on appe'tito!]

Un de plus, s'il vous plaît.
Un altro, per favore.
[un 'altro, per fa'vore]

C'était délicieux.
È stato squisito.
[e 'stato skwi'zito]

l'addition | de la monnaie | le pourboire
il conto | il resto | la mancia
[il 'konto | il 'resto | la 'mantʃa]

L'addition, s'il vous plaît.
Il conto, per favore.
[il 'konto, per fa'vore]

Puis-je payer avec la carte?
Posso pagare con la carta di credito?
[posso pa'gare kon la 'karta di 'kredito?]

Excusez-moi, je crois qu'il y a une erreur ici.
Mi scusi, c'è un errore.
[mi 'skuzi, tʃe un er'rore]

Shopping. Faire les Magasins

Est-ce que je peux vous aider? **Posso aiutarla?**
[posso aju'tarla?]

Avez-vous ... ? **Avete ...?**
[a'vete ...?]

Je cherche ... **Sto cercando ...**
[sto tʃer'kando ...]

Il me faut ... **Ho bisogno di ...**
[o bi'zoɲo di ...]

Je regarde seulement, merci. **Sto guardando.**
[sto gwar'dando]

Nous regardons seulement, merci. **Stiamo guardando.**
[stjamo gwar'dando]

Je reviendrai plus tard. **Ripasserò più tardi.**
[ripasse'ro pju 'tardi]

On reviendra plus tard. **Ripasseremo più tardi.**
[ripasse'remo pju 'tardi]

Rabais | Soldes **sconti | saldi**
[skonti | 'saldi]

Montrez-moi, s'il vous plaît ... **Per favore, mi può far vedere ...?**
[per fa'vore, mi pu'o far ve'dere ...?]

Donnez-moi, s'il vous plaît ... **Per favore, potrebbe darmi ...**
[per fa'vore, po'trebbe 'darmi ...]

Est-ce que je peux l'essayer? **Posso provarlo?**
[posso pro'varlo?]

Excusez-moi, où est la cabine d'essayage? **Mi scusi, dov'è il camerino?**
[mi 'skuzi, dov'e il kame'rino?]

Quelle couleur aimeriez-vous? **Che colore desidera?**
[ke ko'lore de'zidera?]

taille | longueur **taglia | lunghezza**
[taʎʎa | lun'gettsa]

Est-ce que la taille convient ? **Come le sta?**
[kome le sta?]

Combien ça coûte? **Quanto costa questo?**
[kwanto 'kosta 'kwesto?]

C'est trop cher. **È troppo caro.**
[e 'troppo 'karo]

Je vais le prendre. **Lo prendo.**
[lo 'prendo]

Excusez-moi, où est la caisse? **Mi scusi, dov'è la cassa?**
[mi 'skuzi, dov'e la 'kassa?]

Payerez-vous comptant ou par carte de crédit?

Paga in contanti o con carta di credito?
[paga in kon'tanti o kon 'karta di 'kredito?]

Comptant | par carte de crédit

In contanti | con carta di credito
[in kon'tanti | kon 'karta di 'kredito]

Voulez-vous un reçu?

Vuole lo scontrino?
[vu'ole lo skon'trino?]

Oui, s'il vous plaît.

Si, grazie.
[si, 'gratsie]

Non, ce n'est pas nécessaire.

No, va bene così.
[no, va 'bene ko'zi]

Merci. Bonne journée!

Grazie. Buona giornata!
[gratsie. bu'ona dʒor'nata!]

En ville

Excusez-moi, ...
Mi scusi, per favore ...
[mi 'skuzi, per fa'vore ...]

Je cherche ...
Sto cercando ...
[sto tʃer'kando ...]

le métro
la metropolitana
[la metropoli'tana]

mon hôtel
il mio albergo
[il 'mio al'bergo]

le cinéma
il cinema
[il 'tʃinema]

un arrêt de taxi
il posteggio taxi
[il po'stedʒo 'taksi]

un distributeur
un bancomat
[un 'bankomat]

un bureau de change
un ufficio dei cambi
[un uf'fitʃio 'dei 'kambi]

un café internet
un internet café
[un inter'net ka'fe]

la rue ...
via ...
[via ...]

cette place-ci
questo posto
[kwesto 'posto]

Savez-vous où se trouve ...?
Sa dove si trova ...?
[sa 'dove si 'trova ...?]

Quelle est cette rue?
Come si chiama questa via?
[kome si 'kjama 'kwesta 'via?]

Montrez-moi où sommes-nous,
s'il vous plaît.
Può mostrarmi dove ci troviamo?
[pu'o mo'strarmi 'dove tʃi tro'vjamo]

Est-ce que je peux y aller à pied?
Posso andarci a piedi?
[posso an'dartʃi a 'pjedi?]

Avez-vous une carte de la ville?
Avete la piantina della città?
[a'vete la pjan'tina 'della tʃitta?]

C'est combien pour un ticket?
Quanto costa un biglietto?
[kwanto 'kosta un biʎ'ʎetto?]

Est-ce que je peux faire des photos?
Si può fotografare?
[si pu'o fotogra'fare?]

Êtes-vous ouvert?
E' aperto?
[e a'perto?]

À quelle heure ouvrez-vous?   **Quando aprite?**
                                [kwando a'prite?]

À quelle heure fermez-vous?   **Quando chiudete?**
                                [kwando kju'dete?]

L'argent

argent	**Soldi** [soldi]
argent liquide	**contanti** [kon'tanti]
des billets	**banconote** [banko'note]
petite monnaie	**monete** [mo'nete]
l'addition | de la monnaie | le pourboire	**conto | resto | mancia** [konto | 'resto | 'manʧa]

carte de crédit	**carta di credito** [karta di 'kredito]
portefeuille	**portafoglio** [porta·'foʎʎo]
acheter	**comprare** [kom'prare]
payer	**pagare** [pa'gare]
amende	**multa** [multa]
gratuit	**gratuito** [gratu'ito]

Où puis-je acheter … ?	**Dove posso comprare …?** [dove 'posso kom'prare …?]
Est-ce que la banque est ouverte en ce moment?	**La banca è aperta adesso?** [la 'banka e a'perta a'desso?]
À quelle heure ouvre-t-elle?	**Quando apre?** [kwando 'apre?]
À quelle heure ferme-t-elle?	**Quando chiude?** [kwando 'kjude?]

C'est combien?	**Quanto costa?** [kwanto 'kosta?]
Combien ça coûte?	**Quanto costa questo?** [kwanto 'kosta 'kwesto?]
C'est trop cher.	**È troppo caro.** [e 'troppo 'karo]

Excusez-moi, où est la caisse?	**Scusi, dov'è la cassa?** [skuzi, dov'e la 'kassa?]
L'addition, s'il vous plaît.	**Il conto, per favore.** [il 'konto, per fa'vore]

Puis-je payer avec la carte?

Posso pagare con la carta di credito?
[posso pa'gare kon la 'karta di 'kredito?]

Est-ce qu'il y a un distributeur ici?

C'è un bancomat?
[ʧe un 'bankomat?]

Je cherche un distributeur.

Sto cercando un bancomat.
[sto ʧer'kando un 'bankomat]

Je cherche un bureau de change.

Sto cercando un ufficio dei cambi.
[sto ʧer'kando un uf'fiʧio dei 'kambi]

Je voudrais changer ...

Vorrei cambiare ...
[vor'rej kam'bjare ...]

Quel est le taux de change?

Quanto è il tasso di cambio?
[kwanto e il 'tasso di 'kambio]

Avez-vous besoin de mon passeport?

Ha bisogno del mio passaporto?
[a bi'zoɲo del 'mio passa'porto?]

Le temps

Quelle heure est-il?	**Che ore sono?** [ke 'ore 'sono?]
Quand?	**Quando?** [kwando?]
À quelle heure?	**A che ora?** [a ke 'ora?]
maintenant | plus tard | après ...	**adesso | più tardi | dopo ...** [a'desso | pju 'tardi | 'dopo ...]

une heure	**l'una** [luna]
une heure et quart	**l'una e un quarto** [luna e un 'kwarto]
une heure et demie	**l'una e trenta** [luna e 'trenta]
deux heures moins quart	**l'una e quarantacinque** [luna e kwa'ranta 'tʃinkwe]

un | deux | trois	**uno | due | tre** [uno | 'due | tre]
quatre | cinq | six	**quattro | cinque | sei** [kwattro | 'tʃinkwe | sej]
sept | huit | neuf	**sette | otto | nove** [sette | 'otto | 'nove]
dix | onze | douze	**dieci | undici | dodici** [djetʃi | 'unditʃi | 'doditʃi]

dans ...	**fra ...** [fra ...]
cinq minutes	**cinque minuti** [tʃinkwe mi'nuti]
dix minutes	**dieci minuti** ['djetʃi mi'nuti]
quinze minutes	**quindici minuti** [kwinditʃi mi'nuti]
vingt minutes	**venti minuti** [venti mi'nuti]

une demi-heure	**mezzora** [med'dzora]
une heure	**un'ora** [un 'ora]

dans la matinée	**la mattina** [la mat'tina]
tôt le matin	**la mattina presto** [la mat'tina 'presto]
ce matin	**questa mattina** [kwesta mat'tina]
demain matin	**domani mattina** [do'mani mat'tina]
à midi	**all'ora di pranzo** [all 'ora di 'prantso]
dans l'après-midi	**nel pomeriggio** [nel pome'ridʒo]
dans la soirée	**la sera** [la 'sera]
ce soir	**stasera** [sta'sera]
la nuit	**la notte** [la 'notte]
hier	**ieri** ['jeri]
aujourd'hui	**oggi** [odʒi]
demain	**domani** [do'mani]
après-demain	**dopodomani** [dopodo'mani]
Quel jour sommes-nous aujourd'hui?	**Che giorno è oggi?** [ke 'dʒorno e 'odʒi?]
Nous sommes …	**Oggi è …** [odʒi e …?]
lundi	**lunedì** [lune'di]
mardi	**martedì** [marte'di]
mercredi	**mercoledì** [merkole'di]
jeudi	**giovedì** [dʒove'di]
vendredi	**venerdì** [vener'di]
samedi	**sabato** [sabato]
dimanche	**domenica** [do'menika]

Salutations - Introductions

Bonjour.	**Salve.** [salve]
Enchanté /Enchantée/	**Lieto di conoscerla.** [leto di ko'noʃerla]
Moi aussi.	**Il piacere è mio.** [il pja'tʃere e 'mio]
Je voudrais vous présenter …	**Vi presento …** [vi pre'zento …]
Ravi de vous rencontrer.	**Molto piacere.** [molto pja'tʃere]
Comment allez-vous?	**Come sta?** [kome sta?]
Je m'appelle …	**Mi chiamo …** [mi 'kjamo …]
Il s'appelle …	**Si chiama …** [si 'kjama …]
Elle s'appelle …	**Si chiama …** [si 'kjama …]
Comment vous appelez-vous?	**Come si chiama?** [kome si 'kjama?]
Quel est son nom? (m)	**Come si chiama lui?** [kome si 'kjama 'lui?]
Quel est son nom? (f)	**Come si chiama lei?** [kome si 'kjama 'lei?]
Quel est votre nom de famille?	**Qual'è il suo cognome?** [kwal e 'suo ko'ɲome?]
Vous pouvez m'appeler …	**Può chiamarmi …** [pu'o kja'marmi …]
D'où êtes-vous?	**Da dove viene?** [da 'dove 'vjene?]
Je suis de …	**Vengo da …** [vengo da …]
Qu'est-ce que vous faites dans la vie?	**Che lavoro fa?** [ke la'voro 'fa?]
Qui est-ce?	**Chi è?** [ki 'e?]
Qui est-il?	**Chi è lui?** [ki e 'lui?]
Qui est-elle?	**Chi è lei?** [ki e 'lei?]
Qui sont-ils?	**Chi sono loro?** [ki 'sono 'loro?]

C'est ...	**Questo /Questa/ è ...** [kwesto /'kwesta/ e ...]
mon ami	**il mio amico** [il 'mio a'miko]
mon amie	**la mia amica** [la 'mia a'mika]
mon mari	**mio marito** [mio ma'rito]
ma femme	**mia moglie** [mia 'moʎʎe]

mon père	**mio padre** [mio 'padre]
ma mère	**mia madre** [mia 'madre]
mon frère	**mio fratello** [mio fra'tello]
ma sœur	**mia sorella** [mia so'rella]
mon fils	**mio figlio** [mio 'fiʎʎo]
ma fille	**mia figlia** [mia 'fiʎʎa]

C'est notre fils.	**Questo è nostro figlio.** [kwesto e 'nostro 'fiʎʎo]
C'est notre fille.	**Questa è nostra figlia.** [kwesta e 'nostra 'fiʎʎa]
Ce sont mes enfants.	**Questi sono i miei figli.** [kwesti 'sono i 'mjei 'fiʎʎi]
Ce sont nos enfants.	**Questi sono i nostri figli.** [kwesti 'sono i 'nostri 'fiʎʎi]

Les adieux

Au revoir!	**Arrivederci!** [arrive'dertʃi!]
Salut!	**Ciao!** [tʃao!]
À demain.	**A domani.** [a do'mani]
À bientôt.	**A presto.** [a 'presto]
On se revoit à sept heures.	**Ci vediamo alle sette.** [tʃi ve'djamo 'alle 'sette]

Amusez-vous bien!	**Divertitevi!** [diverti'tevi!]
On se voit plus tard.	**Ci sentiamo più tardi.** [tʃi sen'tjamo 'pju 'tardi]
Bonne fin de semaine.	**Buon fine settimana.** [bu'on 'fine setti'mana]
Bonne nuit.	**Buona notte** [bu'ona 'notte]

Il est l'heure que je parte.	**Adesso devo andare.** [a'desso 'devo an'dare]
Je dois m'en aller.	**Devo andare.** [devo an'dare]
Je reviens tout de suite.	**Torno subito.** [torno 'subito]

Il est tard.	**È tardi.** [e 'tardi]
Je dois me lever tôt.	**Domani devo alzarmi presto.** [do'mani 'devo al'tsarmi 'presto]
Je pars demain.	**Parto domani.** [parto do'mani]
Nous partons demain.	**Partiamo domani.** [par'tjamo do'mani]

Bon voyage!	**Buon viaggio!** [bu'on 'vjadʒo!]
Enchanté de faire votre connaissance.	**È stato un piacere conoscerla.** [e 'stato un pja'tʃere di ko'noʃerla]
Heureux /Heureuse/ d'avoir parlé avec vous.	**È stato un piacere parlare con lei.** [e 'stato un pja'tʃere par'lare kon lej]
Merci pour tout.	**Grazie di tutto.** [gratsie di 'tutto]

Je me suis vraiment amusé /amusée/	**Mi sono divertito.** [mi 'sono diver'tito]
Nous nous sommes vraiment amusés /amusées/	**Ci siamo divertiti.** [tʃi 'sjamo di'vertiti]
C'était vraiment plaisant.	**È stato straordinario.** [e 'stato straordi'nario]
Vous allez me manquer.	**Mi mancherà.** [mi maŋke'ra]
Vous allez nous manquer.	**Ci mancherà.** [tʃi maŋke'ra]

Bonne chance!	**Buona fortuna!** [bu'ona for'tuna!]
Mes salutations à …	**Mi saluti …** [mi sa'luti …]

Une langue étrangère

Je ne comprends pas.	**Non capisco.** [non ka'pisko]
Écrivez-le, s'il vous plaît.	**Lo può scrivere, per favore?** [lo pu'o 'skrivere, per fa'vore]
Parlez-vous …?	**Parla …?** [parla …?]
Je parle un peu …	**Parlo un po' …** [parlo un po …]
anglais	**inglese** [in'gleze]
turc	**turco** [turko]
arabe	**arabo** [arabo]
français	**francese** [fran'tʃeze]
allemand	**tedesco** [te'desko]
italien	**italiano** [ita'ljano]
espagnol	**spagnolo** [spa'ɲolo]
portugais	**portoghese** [porto'geze]
chinois	**cinese** [tʃi'neze]
japonais	**giapponese** [dʒappo'neze]
Pouvez-vous le répéter, s'il vous plaît.	**Può ripetere, per favore.** [pu'o ri'petere, per fa'vore]
Je comprends.	**Capisco.** [ka'pisko]
Je ne comprends pas.	**Non capisco.** [non ka'pisko]
Parlez plus lentement, s'il vous plaît.	**Può parlare più piano, per favore.** [pu'o par'lare pju 'pjano, per fa'vore]
Est-ce que c'est correct?	**È corretto?** [e kor'retto?]
Qu'est-ce que c'est?	**Cos'è questo?** [koz e 'kwesto?]

Les excuses

Excusez-moi, s'il vous plaît.	**Mi scusi, per favore.** [mi 'skuzi, per fa'vore]
Je suis désolé /désolée/	**Mi dispiace.** [mi dis'pjatʃe]
Je suis vraiment /désolée/	**Mi dispiace molto.** [mi dis'pjatʃe 'molto]
Désolé /Désolée/, c'est ma faute.	**Mi dispiace, è colpa mia.** [mi dis'pjatʃe, e 'kolpa 'mia]
Au temps pour moi.	**È stato un mio errore.** [e 'stato un 'mio er'rore]
Puis-je ... ?	**Posso ...?** [posso ...?]
Ça vous dérange si je ...?	**Le dispiace se ...?** [le dis'pjatʃe se ...?]
Ce n'est pas grave.	**Non fa niente.** [non fa 'njente]
Ça va.	**Tutto bene.** [tutto 'bene]
Ne vous inquiétez pas.	**Non si preoccupi.** [non si pre'okkupi]

Les accords

Oui	**Sì.** [si]
Oui, bien sûr.	**Sì, certo.** [si, 'tʃerto]
Bien.	**Bene.** [bene]
Très bien.	**Molto bene.** [molto 'bene]
Bien sûr!	**Certamente!** [tʃerta'mente!]
Je suis d'accord.	**Sono d'accordo.** [sono dak'kordo]
C'est correct.	**Esatto.** [e'satto]
C'est exact.	**Giusto.** [dʒusto]
Vous avez raison.	**Ha ragione.** [a ra'dʒone]
Je ne suis pas contre.	**È lo stesso.** [e lo 'stesso]
Tout à fait correct.	**È assolutamente corretto.** [e assoluta'mente kor'retto]
C'est possible.	**È possibile.** [e pos'sibile]
C'est une bonne idée.	**È una buona idea.** [e 'una bu'ona i'dea]
Je ne peux pas dire non.	**Non posso dire di no.** [non 'posso 'dire di no]
J'en serai ravi /ravie/	**Ne sarei lieto.** [ne sa'rei 'leto]
Avec plaisir.	**Con piacere.** [kon pja'tʃere]

Refus, exprimer le doute

Non	**No.** [no]
Absolument pas.	**Sicuramente no.** [sikura'mente no]
Je ne suis pas d'accord.	**Non sono d'accordo.** [non 'sono dak'kordo]
Je ne le crois pas.	**Non penso.** [non 'penso]
Ce n'est pas vrai.	**Non è vero.** [non e 'vero]

Vous avez tort.	**Si sbaglia.** [si 'zbaʎʎa]
Je pense que vous avez tort.	**Penso che lei si stia sbagliando.** [penso ke 'lei si stia zbaʎ'ʎando]
Je ne suis pas sûr /sûre/	**Non sono sicuro.** [non 'sono si'kuro]
C'est impossible.	**È impossibile.** [e impos'sibile]
Pas du tout!	**Assolutamente no!** [assoluta'mente no!]

Au contraire!	**Esattamente il contrario!** [ezatta'mente al kon'trario!]
Je suis contre.	**Sono contro.** [sono 'kontro]
Ça m'est égal.	**Non m'interessa.** [non minte'ressa]
Je n'ai aucune idée.	**Non ne ho idea.** [non ne o i'dea]
Je doute que cela soit ainsi.	**Dubito che sia così.** [dubito ke 'sia ko'zi]

Désolé /Désolée/, je ne peux pas.	**Mi dispiace, non posso.** [mi dis'pjatʃe, non 'posso]
Désolé /Désolée/, je ne veux pas.	**Mi dispiace, non voglio.** [mi dis'pjatʃe, non 'voʎʎo]

Merci, mais ça ne m'intéresse pas.	**Non ne ho bisogno, grazie.** [non ne o bi'zoɲo, 'gratsie]
Il se fait tard.	**È già tardi.** [e dʒa 'tardi]

Je dois me lever tôt.

Devo alzarmi presto.
[devo alts'armi 'presto]

Je ne me sens pas bien.

Non mi sento bene.
[non mi 'sento 'bene]

Exprimer la gratitude

Merci.	**Grazie.** [gratsie]
Merci beaucoup.	**Grazie mille.** [gratsie 'mille]
Je l'apprécie beaucoup.	**Le sono riconoscente.** [le 'sono rikono'ʃente]
Je vous suis très reconnaissant.	**Le sono davvero grato.** [le 'sono dav'vero 'grato]
Nous vous sommes très reconnaissant.	**Le siamo davvero grati.** [le 'sjamo dav'vero 'grati]

Merci pour votre temps.	**Grazie per la sua disponibilità.** [gratsie per la 'sua disponibili'ta]
Merci pour tout.	**Grazie di tutto.** [gratsie di 'tutto]
Merci pour ...	**Grazie per ...** [gratsie per ...]
votre aide	**il suo aiuto** [il 'suo a'juto]
les bons moments passés	**il bellissimo tempo** [il bel'lissimo 'tempo]

un repas merveilleux	**il delizioso pranzo** [il deli'tsjozo 'prantso]
cette agréable soirée	**la bella serata** [la 'bella se'rata]
cette merveilleuse journée	**la bella giornata** [la 'bella dʒor'nata]
une excursion extraordinaire	**la splendida gita** [la 'splendida 'dʒita]

Il n'y a pas de quoi.	**Non c'è di che.** [non ʧe di 'ke]
Vous êtes les bienvenus.	**Prego.** [prego]
Mon plaisir.	**Con piacere.** [kon pja'ʧere]
J'ai été heureux /heureuse/ de vous aider.	**È stato un piacere.** [e 'stato un pja'ʧere]
Ça va. N'y pensez plus.	**Non ci pensi neanche.** [non ʧi 'pensi ne'aŋke]
Ne vous inquiétez pas.	**Non si preoccupi.** [non si pre'okkupi]

Félicitations. Vœux de fête

Félicitations!   **Congratulazioni!**
[kongratula'tsjoni!]

Joyeux anniversaire!   **Buon compleanno!**
[bu'on komple'anno!]

Joyeux Noël!   **Buon Natale!**
[bu'on na'tale!]

Bonne Année!   **Felice Anno Nuovo!**
[fe'litʃe 'anno nu'ovo!]

Joyeuses Pâques!   **Buona Pasqua!**
[bu'ona 'paskwa!]

Joyeux Hanoukka!   **Felice Hanukkah!**
[fe'litʃe anu'ka!]

Je voudrais proposer un toast.   **Vorrei fare un brindisi.**
[vor'rej 'fare un 'brindizi]

Santé!   **Salute!**
[sa'lute!]

Buvons à ...!   **Beviamo a ...!**
[be'vjamo a ...!]

À notre succès!   **Al nostro successo!**
[al 'nostro su'tʃesso!]

À votre succès!   **Al suo successo!**
[al 'suo su'tʃesso!]

Bonne chance!   **Buona fortuna!**
[bu'ona for'tuna!]

Bonne journée!   **Buona giornata!**
[bu'ona dʒor'nata!]

Passez de bonnes vacances !   **Buone vacanze!**
[bu'one va'kantse!]

Bon voyage!   **Buon viaggio!**
[bu'on 'vjadʒo!]

Rétablissez-vous vite.   **Spero guarisca presto!**
[spero gwa'riska 'presto!]

Socialiser

Pourquoi êtes-vous si triste?	**Perché è triste?** [per'ke e 'triste?]
Souriez!	**Sorrida!** [sor'rida!]
Êtes-vous libre ce soir?	**È libero stasera?** [e 'libero sta'sera?]

Puis-je vous offrir un verre?	**Posso offrirle qualcosa da bere?** [posso of'frirle kwal'koza da 'bere?]
Voulez-vous danser?	**Vuole ballare?** [vu'ole bal'lare?]
Et si on va au cinéma?	**Andiamo al cinema.** [an'djamo al 'ʧinema]

Puis-je vous inviter ...	**Posso invitarla ...?** [posso invi'tarla ...?]
au restaurant	**al ristorante** [al risto'rante]
au cinéma	**al cinema** [al 'ʧinema]
au théâtre	**a teatro** [a te'atro]
pour une promenade	**a fare una passeggiata** [per 'fare 'una passe'dʒata]

À quelle heure?	**A che ora?** [a ke 'ora?]
ce soir	**stasera** [sta'sera]
à six heures	**alle sei** [alle 'sei]
à sept heures	**alle sette** [alle 'sette]
à huit heures	**alle otto** [alle 'otto]
à neuf heures	**alle nove** [alle 'nove]

Est-ce que vous aimez cet endroit?	**Le piace qui?** [le 'pjaʧe kwi?]
Êtes-vous ici avec quelqu'un?	**È qui con qualcuno?** [e kw'i kon kwal'kuno?]
Je suis avec mon ami.	**Sono con un amico /una amica/.** [sono kon un a'miko /'una a'mika/]

Je suis avec mes amis.

Sono con i miei amici.
[sono kon i mjei a'mitʃi]

Non, je suis seul /seule/

No, sono da solo /sola/.
[no, 'sono da 'solo /'sola/]

As-tu un copain?

Hai il ragazzo?
[ai il ra'gattso?]

J'ai un copain.

Ho il ragazzo.
[o il ra'gattso]

As-tu une copine?

Hai la ragazza?
[ai il ra'gattsa?]

J'ai une copine.

Ho la ragazza.
[o la ra'gattsa]

Est-ce que je peux te revoir?

Posso rivederti?
[posso rive'derti?]

Est-ce que je peux t'appeler?

Posso chiamarti?
[posso kja'marti?]

Appelle-moi.

Chiamami.
['kjamami]

Quel est ton numéro?

Qual'è il tuo numero?
[kwal e il 'tuo 'numero?]

Tu me manques.

Mi manchi.
[mi 'maŋki]

Vous avez un très beau nom.

Ha un bel nome.
[a un bel 'nome]

Je t'aime.

Ti amo.
[ti 'amo]

Veux-tu te marier avec moi?

Mi vuoi sposare?
[mi vu'oj spo'zare?]

Vous plaisantez!

Sta scherzando!
[sta sker'tsando!]

Je plaisante.

Sto scherzando.
[sto sker'tsando]

Êtes-vous sérieux /sérieuse/?

Lo dice sul serio?
[lo 'ditʃe sul 'serio?]

Je suis sérieux /sérieuse/

Sono serio /seria/.
[sono 'serio /'seria/]

Vraiment?!

Davvero?!
[dav'vero?!]

C'est incroyable!

È incredibile!
[e inkre'dibile]

Je ne vous crois pas.

Non le credo.
[non le 'kredo]

Je ne peux pas.

Non posso.
[non 'posso]

Je ne sais pas.

No so.
[non so]

Je ne vous comprends pas

Non la capisco.
[non la ka'pisko]

Laissez-moi! Allez-vous-en!

Per favore, vada via.
[per fa'vore, 'vada 'via]

Laissez-moi tranquille!

Mi lasci in pace!
[mi 'laʃi in 'patʃe!]

Je ne le supporte pas.

Non lo sopporto.
[non lo sop'porto]

Vous êtes dégoûtant!

Lei è disgustoso!
[lei e dizgu'stozo!]

Je vais appeler la police!

Chiamo la polizia!
[kjamo la poli'tsia!]

Partager des impressions. Émotions

J'aime ça.
Mi piace.
[mi 'pjatʃe]

C'est gentil.
Molto carino.
[molto ka'rino]

C'est super!
È formidabile!
[e formi'dabile!]

C'est assez bien.
Non è male.
[non e 'male]

Je n'aime pas ça.
Non mi piace.
[non mi 'pjatʃe]

Ce n'est pas bien.
Questo non è buono.
[kwesto non e bu'ono]

C'est mauvais.
È cattivo.
[e kat'tivo]

Ce n'est pas bien du tout.
È molto cattivo.
[e 'molto kat'tivo]

C'est dégoûtant.
È disgustoso.
[e dizgu'stozo]

Je suis content /contente/
Sono felice.
[sono fe'litʃe]

Je suis heureux /heureuse/
Sono contento /contenta/.
[sono kon'tento /kon'tenta/]

Je suis amoureux /amoureuse/
Sono innamorato /innamorata/.
[sono innamo'rato /innamo'rata/]

Je suis calme.
Sono calmo /calma/.
[sono 'kalmo /'kalma/]

Je m'ennuie.
Sono annoiato /annoiata/.
[sono anno'jato /anno'jata/]

Je suis fatigué /fatiguée/
Sono stanco /stanca/.
[sono 'stanko /'stanka/]

Je suis triste.
Sono triste.
[sono 'triste]

J'ai peur.
Sono spaventato /spaventata/.
[sono spaven'tato /spaven'tata/]

Je suis fâché /fâchée/
Sono arrabbiato /arrabbiata/.
[sono arrab'bjato /arrab'bjata/]

Je suis inquiet /inquiète/
Sono preoccupato /preoccupata/.
[sono preokku'pato /preokku'pata/]

Je suis nerveux /nerveuse/
Sono nervoso /nervosa/.
[sono ner'vozo /ner'voza/]

Je suis jaloux /jalouse/	**Sono geloso /gelosa/.** [sono ʤe'lozo /ʤe'loza/]
Je suis surpris /surprise/	**Sono sorpreso /sorpresa/.** [sono sor'prezo /sor'preza/]
Je suis gêné /gênée/	**Sono perplesso /perplessa/.** [sono per'plesso /per'plessa/]

Problèmes. Accidents

J'ai un problème.

Ho un problema.
[o un pro'blema]

Nous avons un problème.

Abbiamo un problema.
[ab'bjamo un pro'blema]

Je suis perdu /perdue/

Sono perso /persa/.
[sono' perso /'persa/]

J'ai manqué le dernier bus (train).

Ho perso l'ultimo autobus (treno).
[o 'perso 'lultimo 'autobus ('treno)]

Je n'ai plus d'argent.

Non ho più soldi.
[non o pju 'soldi]

J'ai perdu mon ...

Ho perso ...
[o 'perso ...]

On m'a volé mon ...

Mi hanno rubato ...
[mi 'anno ru'bato ...]

passeport

il passaporto
[il passa'porto]

portefeuille

il portafoglio
[il porta'foʎʎo]

papiers

i documenti
[i doku'menti]

billet

il biglietto
[il biʎ'ʎetto]

argent

i soldi
[i 'soldi]

sac à main

la borsa
[la 'borsa]

appareil photo

la macchina fotografica
[la 'makkina foto'grafika]

portable

il computer portatile
[il kom'pjuter por'tatile]

ma tablette

il tablet
[il 'tablet]

mobile

il telefono cellulare
[il te'lefono tʃellu'lare]

Au secours!

Aiuto!
[a'juto]

Qu'est-il arrivé?

Che cosa è successo?
[ke 'koza e su'tʃesso?]

un incendie

fuoco
[fu'oko]

des coups de feu	**sparatoria** [spara'toria]
un meurtre	**omicidio** [omi'tʃidio]
une explosion	**esplosione** [esplo'zjone]
une bagarre	**rissa** ['rissa]

Appelez la police!	**Chiamate la polizia!** [kja'mate la poli'tsia!]
Dépêchez-vous, s'il vous plaît!	**Per favore, faccia presto!** [per fa'vore, 'fatʃa 'presto!]
Je cherche le commissariat de police.	**Sto cercando la stazione di polizia.** [sto tʃer'kando la sta'tsjone di poli'tsia]
Il me faut faire un appel.	**Devo fare una telefonata.** [devo 'fare 'una telefo'nata]
Puis-je utiliser votre téléphone?	**Posso usare il suo telefono?** [posso u'zare il 'suo te'lefono?]

J'ai été ...	**Sono stato /stata/ ...** [sono 'stato /'stata/ ...]
agressé /agressée/	**aggredito /aggredita/** [ag'gredito /ag'gredita/]
volé /volée/	**derubato /derubata/** [deru'bato /deru'bata/]
violée	**violentata** [violen'tata]
attaqué /attaquée/	**assalito /assalita/** [assa'lito /assa'lita/]

Est-ce que ça va?	**Lei sta bene?** [lei sta 'bene?]
Avez-vous vu qui c'était?	**Ha visto chi è stato?** [a 'visto ki e 'stato?]
Pourriez-vous reconnaître cette personne?	**È in grado di riconoscere la persona?** [e in 'grado di riko'noʃere la per'sona?]
Vous êtes sûr?	**È sicuro?** [e si'kuro?]

Calmez-vous, s'il vous plaît.	**Per favore, si calmi.** [per fa'vore, si 'kalmi]
Calmez-vous!	**Si calmi!** [si 'kalmi!]
Ne vous inquiétez pas.	**Non si preoccupi.** [non si pre'okkupi]
Tout ira bien.	**Andrà tutto bene.** [and'ra 'tutto 'bene]
Ça va. Tout va bien.	**Va tutto bene.** [va 'tutto 'bene]
Venez ici, s'il vous plaît.	**Venga qui, per favore.** [venga kwi, per fa'vore]

J'ai des questions à vous poser.

Devo porle qualche domanda.
[devo 'porle 'kwalke do'manda]

Attendez un moment, s'il vous plaît.

Aspetti un momento, per favore.
[a'spetti un mo'mento, per fa'vore]

Avez-vous une carte d'identité?

Ha un documento d'identità?
[a un doku'mento didenti'ta?]

Merci. Vous pouvez partir maintenant.

Grazie. Può andare ora.
[gratsie. pu'o an'dare 'ora]

Les mains derrière la tête!

Mani dietro la testa!
[mani 'djetro la 'testa!]

Vous êtes arrêté!

È in arresto!
[e in ar'resto!]

Problèmes de santé

Aidez-moi, s'il vous plaît.	**Mi può aiutare, per favore.** [mi pu'o aju'tare, per fa'vore]
Je ne me sens pas bien.	**Non mi sento bene.** [non mi 'sento 'bene]
Mon mari ne se sent pas bien.	**Mio marito non si sente bene.** [mio ma'rito non si 'sente 'bene]
Mon fils ...	**Mio figlio ...** [mio 'fiʎʎo ...]
Mon père ...	**Mio padre ...** [mio 'padre ...]

Ma femme ne se sent pas bien.	**Mia moglie non si sente bene.** [mia 'moʎʎe non si 'sente 'bene]
Ma fille ...	**Mia figlia ...** [mia 'fiʎʎa ...]
Ma mère ...	**Mia madre ...** [mia 'madre ...]

J'ai mal ...	**Ho mal di ...** [o mal di ...]
à la tête	**testa** [testa]
à la gorge	**gola** [gola]
à l'estomac	**pancia** ['pantʃa]
aux dents	**denti** [denti]

J'ai le vertige.	**Mi gira la testa.** [mi 'dʒira la 'testa]
Il a de la fièvre.	**Ha la febbre.** [a la 'febbre]
Elle a de la fièvre.	**Ha la febbre.** [a la 'febbre]
Je ne peux pas respirer.	**Non riesco a respirare.** [non ri'esko a respi'rare]

J'ai du mal à respirer.	**Mi manca il respiro.** [mi 'manka il re'spiro]
Je suis asthmatique.	**Sono asmatico /asmatica/.** [sono az'matiko /az'matika/]
Je suis diabétique.	**Sono diabetico /diabetica/.** [sono dia'betiko /dia'betika/]

Je ne peux pas dormir.	**Soffro d'insonnia.** [soffro din'sonnia]
intoxication alimentaire	**intossicazione alimentare** [intossikat'tsjone alimen'tare]

Ça fait mal ici.	**Fa male qui.** [fa 'male kwi]
Aidez-moi!	**Mi aiuti!** [mi a'juti!]
Je suis ici!	**Sono qui!** [sono kwi!]
Nous sommes ici!	**Siamo qui!** [sjamo kwi!]
Sortez-moi d'ici!	**Mi tiri fuori di qui!** [mi 'tiri fu'ori di kwi!]
J'ai besoin d'un docteur.	**Ho bisogno di un dottore.** [o bi'zoɲo di un dot'tore]
Je ne peux pas bouger!	**Non riesco a muovermi.** [non ri'esko a mu'overmi]
Je ne peux pas bouger mes jambes.	**Non riesco a muovere le gambe.** [non ri'esko a mu'overe le 'gambe]

Je suis blessé /blessée/	**Ho una ferita.** [o 'una fe'rita]
Est-ce que c'est sérieux?	**È grave?** [e 'grave?]
Mes papiers sont dans ma poche.	**I miei documenti sono in tasca.** [i 'mjei doku'menti 'sono in 'taska]
Calmez-vous!	**Si calmi!** [si 'kalmi!]
Puis-je utiliser votre téléphone?	**Posso usare il suo telefono?** [posso u'zare il 'suo te'lefono?]

Appelez une ambulance!	**Chiamate l'ambulanza!** [kja'mate lambu'lantsa!]
C'est urgent!	**È urgente!** [e ur'dʒente!]
C'est une urgence!	**È un'emergenza!** [e un emer'dʒentsa!]
Dépêchez-vous, s'il vous plaît!	**Per favore, faccia presto!** [per fa'vore, 'fatʃa 'presto!]
Appelez le docteur, s'il vous plaît.	**Per favore, chiamate un medico.** [per fa'vore, kja'mate un 'mediko]
Où est l'hôpital?	**Dov'è l'ospedale?** [dov'e lospe'dale?]

Comment vous sentez-vous?	**Come si sente?** [kome si 'sente?]
Est-ce que ça va?	**Sta bene?** [sta 'bene?]
Qu'est-il arrivé?	**Che cosa è successo?** [ke 'koza e su'tʃesso?]

Je me sens mieux maintenant.	**Mi sento meglio ora.** [mi 'sento 'meʎʎo 'ora]
Ça va. Tout va bien.	**Va bene.** [va 'bene]
Ça va.	**Va tutto bene.** [va 'tutto 'bene]

À la pharmacie

pharmacie

farmacia
[farma'tʃija]

pharmacie 24 heures

farmacia di turno
[farma'tʃija di 'turno]

Où se trouve la pharmacie
la plus proche?

Dov'è la farmacia più vicina?
[dov'e la farma'tʃija pju vi'tʃina?]

Est-elle ouverte en ce moment?

È aperta a quest'ora?
[e a'perta a 'kwest 'ora?]

À quelle heure ouvre-t-elle?

A che ora apre?
[a ke 'ora 'apre?]

à quelle heure ferme-t-elle?

A che ora chiude?
[a ke 'ora 'kjude?]

C'est loin?

È lontana?
[e lon'tana?]

Est-ce que je peux y aller à pied?

Posso andarci a piedi?
[posso an'dartʃi a 'pjedi?]

Pouvez-vous me le montrer
sur la carte?

Può mostrarmi sulla piantina?
[pu'o mo'strarmi 'sulla pjan'tina?]

Pouvez-vous me donner quelque
chose contre ...

Per favore, può darmi qualcosa per ...
[per fa'vore, pu'o 'darmi kwal'koza per ...]

le mal de tête

il mal di testa
[il mal di 'testa]

la toux

la tosse
[la 'tosse]

le rhume

il raffreddore
[il raffred'dore]

la grippe

l'influenza
[linflu'entsa]

la fièvre

la febbre
[la 'febbre]

un mal d'estomac

il mal di stomaco
[il mal di 'stomako]

la nausée

la nausea
[la 'nauzea]

la diarrhée

la diarrea
[la diar'rea]

la constipation

la costipazione
[la kostipa'tsjone]

un mal de dos

mal di schiena
[mal di 'skjena]

les douleurs de poitrine	**dolore al petto** [do'lore al 'petto]
les points de côté	**fitte al fianco** [fitte al 'fjanko]
les douleurs abdominales	**dolori addominali** [do'lori addomi'nali]

une pilule	**pastiglia** [pa'stiʎʎa]
un onguent, une crème	**pomata** [po'mata]
un sirop	**sciroppo** [ʃi'roppo]
un spray	**spray** [spraj]
les gouttes	**gocce** [gotʃe]

Vous devez allez à l'hôpital.	**Deve andare in ospedale.** [deve an'dare in ospe'dale]
assurance maladie	**assicurazione sanitaria** [assikura'tsjone sani'taria]
prescription	**prescrizione** [preskri'tsjone]
produit anti-insecte	**insettifugo** [inset'tifugo]
bandages adhésifs	**cerotto** [tʃe'rotto]

Les essentiels

Excusez-moi, ...
Mi scusi, ...
[mi 'skuzi, ...]

Bonjour
Buongiorno.
[buon'dʒorno]

Merci
Grazie.
[gratsie]

Au revoir
Arrivederci.
[arrive'dertʃi]

Oui
Sì.
[si]

Non
No.
[no]

Je ne sais pas.
Non lo so.
[non lo so]

Où? (~ es-tu?) | Où? (~ vas-tu?) | Quand?
Dove? | Dove? | Quando?
[dove? | 'dove? | 'kwando?]

J'ai besoin de ...
Ho bisogno di ...
[o bi'zoɲo di ...]

Je veux ...
Voglio ...
[voʎʎo ...]

Avez-vous ... ?
Avete ...?
[a'vete ...?]

Est-ce qu'il y a ... ici?
C'è un /una/ ... qui?
[tʃe un /'una/ ... kwi?]

Puis-je ... ?
Posso ...?
[posso ...?]

s'il vous plaît (pour une demande)
per favore
[per fa'vore]

Je cherche ...
Sto cercando ...
[sto tʃer'kando ...]

les toilettes
bagno
[baɲo]

un distributeur
bancomat
[bankomat]

une pharmacie
farmacia
[farma'tʃija]

l'hôpital
ospedale
[ospe'dale]

le commissariat de police
stazione di polizia
[sta'tsjone di poli'tsia]

une station de métro
metropolitana
[metropoli'tana]

| un taxi | **taxi**
['taksi] |
| la gare | **stazione**
[sta'tsjone] |

Je m'appelle ...	**Mi chiamo ...** [mi 'kjamo ...]
Comment vous appelez-vous?	**Come si chiama?** [kome si 'kjama?]
Aidez-moi, s'il vous plaît.	**Mi può aiutare, per favore?** [mi pu'o aju'tare, per fa'vore?]
J'ai un problème.	**Ho un problema.** [o un pro'blema]
Je ne me sens pas bien.	**Mi sento male.** [mi 'sento 'male]
Appelez une ambulance!	**Chiamate l'ambulanza!** [kja'mate lambu'lantsa!]
Puis-je faire un appel?	**Posso fare una telefonata?** [posso 'fare 'una telefo'nata?]

| Excusez-moi. | **Mi dispiace.**
[mi dis'pjatʃe] |
| Je vous en prie. | **Prego.**
[prego] |

---

je, moi	**io** [io]
tu, toi	**tu** [tu]
il	**lui** [lui]
elle	**lei** ['lei]
ils	**loro** [loro]
elles	**loro** [loro]
nous	**noi** [noi]
vous	**voi** [voi]
Vous	**Lei** ['lei]

ENTRÉE	**ENTRATA** [en'trata]
SORTIE	**USCITA** [u'ʃita]
HORS SERVICE | EN PANNE	**FUORI SERVIZIO** [fu'ori ser'vitsio]
FERMÉ	**CHIUSO** [kjuzo]

OUVERT	**APERTO** [a'perto]
POUR LES FEMMES	**DONNE** [donne]
POUR LES HOMMES	**UOMINI** [u'omini]

MINI DICTIONNAIRE

Cette section contient
250 mots, utiles nécessaires
à la communication
quotidienne.
Vous y trouverez le nom
des mois et des jours.
Le dictionnaire contient
aussi des sujets aussi variés
que les couleurs, les unités
de mesure, la famille et plus

T&P Books Publishing

CONTENU DU DICTIONNAIRE

T&P Books Publishing

temps (m)	**tempo** (m)	['tempo]
heure (f)	**ora** (f)	['ora]
demi-heure (f)	**mezzora** (f)	[med'dzora]
minute (f)	**minuto** (m)	[mi'nuto]
seconde (f)	**secondo** (m)	[se'kondo]
aujourd'hui (adv)	**oggi**	['odʒi]
demain (adv)	**domani**	[do'mani]
hier (adv)	**ieri**	['jeri]
lundi (m)	**lunedì** (m)	[lune'di]
mardi (m)	**martedì** (m)	[marte'di]
mercredi (m)	**mercoledì** (m)	[merkole'di]
jeudi (m)	**giovedì** (m)	[dʒove'di]
vendredi (m)	**venerdì** (m)	[vener'di]
samedi (m)	**sabato** (m)	['sabato]
dimanche (m)	**domenica** (f)	[do'menika]
jour (m)	**giorno** (m)	['dʒorno]
jour (m) ouvrable	**giorno** (m) **lavorativo**	['dʒorno lavora'tivo]
jour (m) férié	**giorno** (m) **festivo**	['dʒorno fes'tivo]
week-end (m)	**fine** (m) **settimana**	['fine setti'mana]
semaine (f)	**settimana** (f)	[setti'mana]
la semaine dernière	**la settimana scorsa**	[la setti'mana 'skorsa]
la semaine prochaine	**la settimana prossima**	[la setti'mana 'prossima]
le matin	**di mattina**	[di mat'tina]
dans l'après-midi	**nel pomeriggio**	[nel pome'ridʒo]
le soir	**di sera**	[di 'sera]
ce soir	**stasera**	[sta'sera]
la nuit	**di notte**	[di 'notte]
minuit (f)	**mezzanotte** (f)	[meddza'notte]
janvier (m)	**gennaio** (m)	[dʒen'najo]
février (m)	**febbraio** (m)	[feb'brajo]
mars (m)	**marzo** (m)	['martso]
avril (m)	**aprile** (m)	[a'prile]
mai (m)	**maggio** (m)	['madʒo]
juin (m)	**giugno** (m)	['dʒuɲo]
juillet (m)	**luglio** (m)	['luʎʎo]
août (m)	**agosto** (m)	[a'gosto]

septembre (m)	settembre (m)	[set'tembre]
octobre (m)	ottobre (m)	[ot'tobre]
novembre (m)	novembre (m)	[no'vembre]
décembre (m)	dicembre (m)	[di'tʃembre]

au printemps	in primavera	[in prima'vera]
en été	in estate	[in e'state]
en automne	in autunno	[in au'tunno]
en hiver	in inverno	[in in'verno]

mois (m)	mese (m)	['meze]
saison (f)	stagione (f)	[sta'dʒone]
année (f)	anno (m)	['anno]

2. Nombres. Adjectifs numéraux

zéro	zero (m)	['dzero]
un	uno	['uno]
deux	due	['due]
trois	tre	['tre]
quatre	quattro	['kwattro]

cinq	cinque	['tʃinkwe]
six	sei	['sej]
sept	sette	['sette]
huit	otto	['otto]
neuf	nove	['nove]
dix	dieci	['djetʃi]

onze	undici	['unditʃi]
douze	dodici	['doditʃi]
treize	tredici	['treditʃi]
quatorze	quattordici	[kwat'torditʃi]
quinze	quindici	['kwinditʃi]

seize	sedici	['seditʃi]
dix-sept	diciassette	[ditʃas'sette]
dix-huit	diciotto	[di'tʃotto]
dix-neuf	diciannove	[ditʃan'nove]

vingt	venti	['venti]
trente	trenta	['trenta]
quarante	quaranta	[kwa'ranta]
cinquante	cinquanta	[tʃin'kwanta]

soixante	sessanta	[ses'santa]
soixante-dix	settanta	[set'tanta]
quatre-vingts	ottanta	[ot'tanta]
quatre-vingt-dix	novanta	[no'vanta]
cent	cento	['tʃento]

deux cents	duecento	[due'tʃento]
trois cents	trecento	[tre'tʃento]
quatre cents	quattrocento	[kwattro'tʃento]
cinq cents	cinquecento	[tʃinkwe'tʃento]

six cents	seicento	[sej'tʃento]
sept cents	settecento	[sette'tʃento]
huit cents	ottocento	[otto'tʃento]
neuf cents	novecento	[nove'tʃento]
mille	mille	['mille]

| dix mille | diecimila | ['djetʃi 'mila] |
| cent mille | centomila | [tʃento'mila] |

| million (m) | milione (m) | [mi'ljone] |
| milliard (m) | miliardo (m) | [mi'ljardo] |

3. L'être humain. La famille

homme (m)	uomo (m)	[u'omo]
jeune homme (m)	giovane (m)	['dʒovane]
femme (f)	donna (f)	['donna]
jeune fille (f)	ragazza (f)	[ra'gattsa]
vieillard (m)	vecchio (m)	['vekkio]
vieille femme (f)	vecchia (f)	['vekkia]

mère (f)	madre (f)	['madre]
père (m)	padre (m)	['padre]
fils (m)	figlio (m)	['fiʎʎo]
fille (f)	figlia (f)	['fiʎʎa]
frère (m)	fratello (m)	[fra'tello]
sœur (f)	sorella (f)	[so'rella]

parents (m pl)	genitori (m pl)	[dʒeni'tori]
enfant (m, f)	bambino (m)	[bam'bino]
enfants (pl)	bambini (m pl)	[bam'bini]
belle-mère (f)	matrigna (f)	[ma'triɲa]
beau-père (m)	patrigno (m)	[pa'triɲo]

grand-mère (f)	nonna (f)	['nonna]
grand-père (m)	nonno (m)	['nonno]
petit-fils (m)	nipote (m)	[ni'pote]
petite-fille (f)	nipote (f)	[ni'pote]
petits-enfants (pl)	nipoti (pl)	[ni'poti]

oncle (m)	zio (m)	['tsio]
tante (f)	zia (f)	['tsia]
neveu (m)	nipote (m)	[ni'pote]
nièce (f)	nipote (f)	[ni'pote]
femme (f)	moglie (f)	['moʎʎe]

mari (m)	**marito** (m)	[ma'rito]
marié (adj)	**sposato**	[spo'zato]
mariée (adj)	**sposata**	[spo'zata]
veuve (f)	**vedova** (f)	['vedova]
veuf (m)	**vedovo** (m)	['vedovo]
prénom (m)	**nome** (m)	['nome]
nom (m) de famille	**cognome** (m)	[ko'ɲome]
parent (m)	**parente** (m)	[pa'rente]
ami (m)	**amico** (m)	[a'miko]
amitié (f)	**amicizia** (f)	[ami'ʧitsia]
partenaire (m)	**partner** (m)	['partner]
supérieur (m)	**capo** (m), **superiore** (m)	['kapo], [supe'rjore]
collègue (m, f)	**collega** (m)	[kol'lega]
voisins (m pl)	**vicini** (m pl)	[vi'ʧini]

4. Le corps humain. L'anatomie

corps (m)	**corpo** (m)	['korpo]
cœur (m)	**cuore** (m)	[ku'ore]
sang (m)	**sangue** (m)	['sangue]
cerveau (m)	**cervello** (m)	[ʧer'vello]
os (m)	**osso** (m)	['osso]
colonne (f) vertébrale	**colonna** (f) **vertebrale**	[ko'lonna verte'brale]
côte (f)	**costola** (f)	['kostola]
poumons (m pl)	**polmoni** (m pl)	[pol'moni]
peau (f)	**pelle** (f)	['pelle]
tête (f)	**testa** (f)	['testa]
visage (m)	**viso** (m)	['vizo]
nez (m)	**naso** (m)	['nazo]
front (m)	**fronte** (f)	['fronte]
joue (f)	**guancia** (f)	['gwanʧa]
bouche (f)	**bocca** (f)	['bokka]
langue (f)	**lingua** (f)	['lingua]
dent (f)	**dente** (m)	['dente]
lèvres (f pl)	**labbra** (f pl)	['labbra]
menton (m)	**mento** (m)	['mento]
oreille (f)	**orecchio** (m)	[o'rekkio]
cou (m)	**collo** (m)	['kollo]
œil (m)	**occhio** (m)	['okkio]
pupille (f)	**pupilla** (f)	[pu'pilla]
sourcil (m)	**sopracciglio** (m)	[sopra'ʧiʎʎo]
cil (m)	**ciglio** (m)	['ʧiʎʎo]
cheveux (m pl)	**capelli** (m pl)	[ka'pelli]

coiffure (f)	**pettinatura** (f)	[pettina'tura]
moustache (f)	**baffi** (m pl)	['baffi]
barbe (f)	**barba** (f)	['barba]
porter (~ la barbe)	**portare** (vt)	[por'tare]
chauve (adj)	**calvo**	['kalvo]
main (f)	**mano** (f)	['mano]
bras (m)	**braccio** (m)	['bratʃo]
doigt (m)	**dito** (m)	['dito]
ongle (m)	**unghia** (f)	['ungia]
paume (f)	**palmo** (m)	['palmo]
épaule (f)	**spalla** (f)	['spalla]
jambe (f)	**gamba** (f)	['gamba]
genou (m)	**ginocchio** (m)	[dʒi'nokkio]
talon (m)	**tallone** (m)	[tal'lone]
dos (m)	**schiena** (f)	['skjena]

5. Les vêtements. Les accessoires personnels

vêtement (m)	**vestiti** (m pl)	[ve'stiti]
manteau (m)	**cappotto** (m)	[kap'potto]
manteau (m) de fourrure	**pelliccia** (f)	[pel'litʃa]
veste (f) (~ en cuir)	**giubbotto** (m), **giaccha** (f)	[dʒub'botto], ['dʒakka]
imperméable (m)	**impermeabile** (m)	[imperme'abile]
chemise (f)	**camicia** (f)	[ka'mitʃa]
pantalon (m)	**pantaloni** (m pl)	[panta'loni]
veston (m)	**giacca** (f)	['dʒakka]
complet (m)	**abito** (m) **da uomo**	['abito da u'omo]
robe (f)	**abito** (m)	['abito]
jupe (f)	**gonna** (f)	['gonna]
tee-shirt (m)	**maglietta** (f)	[maʎ'ʎetta]
peignoir (m) de bain	**accappatoio** (m)	[akkappa'tojo]
pyjama (m)	**pigiama** (m)	[pi'dʒama]
tenue (f) de travail	**tuta** (f) **da lavoro**	['tuta da la'voro]
sous-vêtements (m pl)	**intimo** (m)	['intimo]
chaussettes (f pl)	**calzini** (m pl)	[kal'tsini]
soutien-gorge (m)	**reggiseno** (m)	[redʒi'seno]
collants (m pl)	**collant** (m)	[kol'lant]
bas (m pl)	**calze** (f pl)	['kaltse]
maillot (m) de bain	**costume** (m) **da bagno**	[ko'stume da 'baɲo]
chapeau (m)	**cappello** (m)	[kap'pello]
chaussures (f pl)	**calzature** (f pl)	[kaltsa'ture]
bottes (f pl)	**stivali** (m pl)	[sti'vali]
talon (m)	**tacco** (m)	['takko]
lacet (m)	**laccio** (m)	['latʃo]

cirage (m)	lucido (m) per le scarpe	['lutʃido per le 'skarpe]
gants (m pl)	guanti (m pl)	['gwanti]
moufles (f pl)	manopole (f pl)	[ma'nopole]
écharpe (f)	sciarpa (f)	['ʃarpa]
lunettes (f pl)	occhiali (m pl)	[ok'kjali]
parapluie (m)	ombrello (m)	[om'brello]
cravate (f)	cravatta (f)	[kra'vatta]
mouchoir (m)	fazzoletto (m)	[fattso'letto]
peigne (m)	pettine (m)	['pettine]
brosse (f) à cheveux	spazzola (f) per capelli	['spattsola per ka'pelli]
boucle (f)	fibbia (f)	['fibbia]
ceinture (f)	cintura (f)	[tʃin'tura]
sac (m) à main	borsetta (f)	[bor'setta]

6. La maison. L'appartement

appartement (m)	appartamento (m)	[apparta'mento]
chambre (f)	camera (f), stanza (f)	['kamera], ['stantsa]
chambre (f) à coucher	camera (f) da letto	['kamera da 'letto]
salle (f) à manger	sala (f) da pranzo	['sala da 'prantso]
salon (m)	salotto (m)	[sa'lotto]
bureau (m)	studio (m)	['studio]
antichambre (f)	ingresso (m)	[in'gresso]
salle (f) de bains	bagno (m)	['baɲo]
toilettes (f pl)	gabinetto (m)	[gabi'netto]
aspirateur (m)	aspirapolvere (m)	[aspira·'polvere]
balai (m) à franges	frettazzo (m)	[fret'tattso]
torchon (m)	strofinaccio (m)	[strofi'natʃo]
balayette (f) de sorgho	scopa (f)	['skopa]
pelle (f) à ordures	paletta (f)	[pa'letta]
meubles (m pl)	mobili (m pl)	['mobili]
table (f)	tavolo (m)	['tavolo]
chaise (f)	sedia (f)	['sedia]
fauteuil (m)	poltrona (f)	[pol'trona]
miroir (m)	specchio (m)	['spekkio]
tapis (m)	tappeto (m)	[tap'peto]
cheminée (f)	camino (m)	[ka'mino]
rideaux (m pl)	tende (f pl)	['tende]
lampe (f) de table	lampada (f) da tavolo	['lampada da 'tavolo]
lustre (m)	lampadario (m)	[lampa'dario]
cuisine (f)	cucina (f)	[ku'tʃina]
cuisinière (f) à gaz	fornello (m) a gas	[for'nello a gas]
cuisinière (f) électrique	fornello (m) elettrico	[for'nello e'lettriko]

four (m) micro-ondes	**forno** (m) **a microonde**	['forno a mikro'onde]
réfrigérateur (m)	**frigorifero** (m)	[frigo'rifero]
congélateur (m)	**congelatore** (m)	[kondʒela'tore]
lave-vaisselle (m)	**lavastoviglie** (f)	[lavasto'viʎʎe]
robinet (m)	**rubinetto** (m)	[rubi'netto]
hachoir (m) à viande	**tritacarne** (m)	[trita'karne]
centrifugeuse (f)	**spremifrutta** (m)	[spremi'frutta]
grille-pain (m)	**tostapane** (m)	[tosta'pane]
batteur (m)	**mixer** (m)	['mikser]
machine (f) à café	**macchina** (f) **da caffè**	['makkina da kaf'fe]
bouilloire (f)	**bollitore** (m)	[bolli'tore]
théière (f)	**teiera** (f)	[te'jera]
téléviseur (m)	**televisore** (m)	[televi'zore]
magnétoscope (m)	**videoregistratore** (m)	[video·redʒistra'tore]
fer (m) à repasser	**ferro** (m) **da stiro**	['ferro da 'stiro]
téléphone (m)	**telefono** (m)	[te'lefono]

www.ingramcontent.com/pod-product-compliance
Lightning Source LLC
Chambersburg PA
CBHW070839050426
42452CB00011B/2347